Como Enseñarles
A Ser Felices

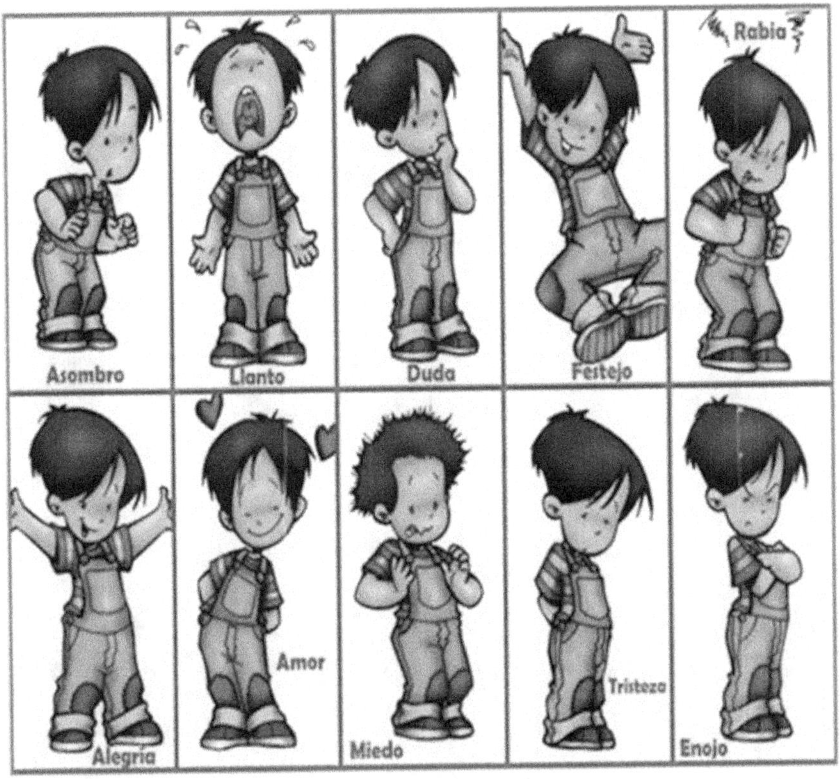

Eida Feliciano

Biografía

Eida Feliciano nació en Aguadilla, Puerto Rico. Estudió en la Universidad Interamericana de Puerto Rico. Cursó estudios en "Columbia University" en la ciudad de New York. Hizo una Certificación en Inteligencia Emocional con especialidad laboral en Educación Primaria. Ha trabajado para "Columbia University" por 16 años en el área de finanzas y actualmente como instructora en Informática. Su deseo de compartir su conocimiento la ha llevado a escribir este libro sobre las emociones. Y colaborar con padres y maestros interesados en hacer de sus hijos o estudiantes, más capaces de ser felices y triunfadores en el mundo actual. Debido a la gran cantidad de problemas que se enfrentan en muchas escuelas y hogares en estos tiempos de crisis en la comunicación. El tema no es nuevo, ni ha sido descubierto por ella. Lo que hace diferente este libro es que va dirigido a dos importantes influencias en la formación del niño en la educación académica y la formación recibida a través de los padres. Daniel Goleman, con quien se identificó ante la problemática del ser humano en nuestros tiempos, el expuso de manera impresionante, en sus teorías e investigaciones. Siguió estudiando el tema desde esa perspectiva, hasta llegar hacer una especialidad sobre "coaching" en Inteligencia Emocional y una especialización en enfoque primario. Luego de años de muchos estudios y poner en práctica, con excelentes resultados en una escuela experimental, los resultados de la inclusión en el currículo de las habilidades sociales han sido un éxito. Y luego de convencerme a sí misma, que este, es sin lugar a dudas, uno de los caminos más cercanos a transformar padres, hogares, escuelas y por ende el mundo entero. Por eso ha querido compartir este libro con ustedes. Esperamos les sirva como inspiración para seguir buscando y utilizando lo aprendido para ser más felices y exitosos a nuestros pequeños y de igual manera a nosotros como adultos.

"El educador mediocre habla. El buen educador explica.
El educador superior demuestra. El gran educador inspira."
William Arthur Ward

Índice

Las destrezas sociales constituyen las siguientes

Agradecimientos

Quiero agradecer a mis padres por el ejemplo de tenacidad y su eterno amor incondicional; lo cual hizo que se forjara en mí un carácter alegre y deseoso de compartir mis bendiciones con las personas que me rodean. Con sus ejemplos me hicieron desear hacer mejor las cosas, día a día. Además, me alentaron a hacer de este mundo un mejor lugar.

A mi adorada hija Alyssa, fuente de inspiración, porque cada paso que doy tiene como finalidad ser su ejemplo y demostrarle que todo es posible y si lo sueñas, lo alcanzas.

Y a mí queridísima Leila gracias, por su ejemplo de perseverancia; lo que me dio el coraje para emprender cualquier meta y terminarla. Y por siempre creer en mí. Espero que este libro aporte un granito de arena a mejorar las relaciones entre las familias, la comunicación efectiva y sobre todo, la tolerancia en todas nuestras diferencias. Y no olvidemos, que el respeto y la empatía son primordiales para tener relaciones saludables con nuestros hijos y nuestros semejantes.

Introducción

En este libro estaremos hablando sobre las emociones y sobre cómo éstas influyen en nuestra formación como individuos. Podremos ayudar a nuestros niños a conocerse de una manera profunda y acertada. Además los beneficiará, no solo para que se conozcan ellos mismos, sino que les facilitará conocer a otros mucho mejor. Resulta muy complejo poder comunicarnos con otros si no logramos entenderlos. Y cuando me refiero a entenderlos, quiero decir, a poder entender a otro ser humano en su comunicación verbal, así también como la interpretación no verbal. Lo cual no es tarea fácil es más bien bastante complicado. Y para poder aprender esto, solamente se puede hacer a través de las habilidades sociales. Las cuales sus niños tendrán la oportunidad de aprender a una temprana edad.

Sería ideal, que como padres o maestros tuviéramos el conocimiento de cómo controlar nuestras emociones y poderles servir de ejemplo pero, estoy casi segura de que iremos aprendiendo sobre la marcha lo que es muy importante para nosotros mismos. Tome una especialidad en Inteligencia Emocional partiendo de mi propio deseo de transmitir a mi hija y a mí misma, la mejor manera de conocerme mejor y llegar a tener una vida más fructífera, en cualquiera que sea, el ambiente. Y lógicamente poder transferir el conocimiento y orientar a mi hija y darle el ejemplo, que es la mejor manera, de aprender. Y fueron muchos los que observaron el cambio y se me acercaron interesados en la transformación que estaba ocurriendo en nuestras vidas.

El propósito de este libro es compartir poder con los padres y profesores, una guía que pueda crearle a los niños, un mundo lleno de infinitas posibilidades en su desarrollo como ser humano. De manera personal, puedo compartir con ustedes el auténtico pesar, de no haber podido contar con tal conocimiento en el momento de mi educación en mis años jóvenes, estas habilidades las aprendí más tarde en la vida. Por consiguiente es un gran placer para mí aportar al desarrollo del nuevo ser, a ti y a los maestros de estos tiempos donde poder instruir a los niños, desde una plataforma de amor y de empatía. Un nuevo ser que se deslumbra exitoso, en el sentido más espiritual y humano. Estará guiándolos con valores, ya casi extinguidos, y conceptos nuevos muy necesarios en nuestros tiempos. Le educaras de manera diferente de lo que han sido los valores hasta hoy conocidos; los cuales hasta ahora han confinado a los jóvenes a un mundo lleno de soledad y vacío. Las emociones son parte de nuestra naturaleza como seres humanos. Antes de poder comunicarnos verbalmente ya hemos experimentados diferentes emociones.

Algunas de las emociones que forman parte de nuestras vidas diariamente son la alegría, la tristeza, la vergüenza, el enojo, el miedo. Existen muchas más emociones y existen las elementales como el miedo, hasta complejas, como la culpa.

Todos experimentamos (sin excepción) estrés, en nuestros días. Estos tiempos son tan exigentes con los adultos, como lo son con los niños (sin distinción de género).

Según las fuentes acreditadas y clínicas es seguro que los niños, aún antes de poder hablar, guardan recuerdos de emociones intensas.

Se cree que bebés de hasta 6 meses pueden mantener recuerdos intactos de experiencias que hayan sido traumáticas, aunque, obviamente, no pueden hablar de ello. Por suerte hoy día debido al cambio que ha experimentado el mundo, me refiero a los medios de comunicaciones, tenemos más acceso a información y podemos preparar mejor a nuestros hijos y estudiantes, así como a nosotros mismos, ayudándonos a conocer mejor cada una de estas emociones. Debemos saber que las emociones nos proporcionan valiosa información sobre nosotros mismos, sobre otros y sobre determinadas situaciones en nuestra vida. Si aprendemos, desde pequeños, a escucharlas podremos muchas veces modificar conductas y pensamientos con el fin de mejorar muchísimas situaciones en nuestro día a día.

El conocimiento de éstas nos permite conocernos a nosotros mismos y esto tiene un valor incalculable para adaptarnos y ajustarnos mejor al medio ambiente. Las emociones son como una alarma que nos ayuda a observarnos y a cuidarnos. Igual le avisan a otros de nuestras preocupaciones, temores o cualquiera que fuera la emoción que estemos sintiendo.

El propósito de este libro es que sirva como una guía, donde puedan entender mejor a los niños y poder servirles de apoyo, para que puedan descubrir el valor de conocer e identificar sus emociones y la de otros a través de toda su vida.

¿Qué es Inteligencia Emocional?

El término "Inteligencia Emocional" se refiere a la capacidad humana de sentir, entender, controlar y modificar estados emocionales en uno mismo y en los demás. Inteligencia emocional no es extinguir las emociones, sino dirigirlas y equilibrarlas. Las emociones son mecanismos que nos ayudan a reaccionar con rapidez ante acontecimientos inesperados, por ejemplo;

- Tener energía, entusiasmo y motivación

- Tomar decisiones en base a nuestras preferencias

- Asimilar hechos desfavorables o tristes

- Tomar conciencia de ciertos problemas

- Reconocer nuestros límites físicos y psicológicos

El estado emocional de una persona determina la forma en que percibe el mundo. Sólo por esta razón ya se hace imprescindible, acercarnos al mundo de las emociones, para comprendernos mejor. Una emoción se produce de la siguiente forma: Unas informaciones sensoriales llegan a los centros emocionales del cerebro. Como consecuencia, se produce una respuesta neurofisiológica. El cerebro interpreta la información y prepara al organismo para responder. Emoción es un estado complejo del organismo caracterizado por una excitación o perturbación que predispone a la acción. Las emociones se generan como respuesta a un acontecimiento externo o interno. Las emociones en principio, no son buenas ni malas, se adquieren por maduración, son evolutivas. Ellas suponen un aprendizaje por parte familiar o social. Aparecen durante todas las circunstancias de la vida. Surgen como respuesta a un estímulo. Es una experiencia interna con diferentes intensidades, son contagiosas. Las emociones son una señal para nosotros mismos, nos preparan para la acción, vigilan el estado de nuestras relaciones, evalúan si las cosas nos van bien, sirven de señales a los demás y deciden como vamos a actuar. El cerebro pone la emoción en perspectiva y hace que tenga sentido.

Daniel Goleman, investigador y periodista del New York Times, fue quien llevó el tema al centro de la atención en todo el mundo, a través de su obra 'La Inteligencia Emocional' (1995). El nuevo concepto, investigado a fondo en esta obra y en otras que se sucedieron inmediatamente después, hace tambalear las categorías establecidas para interpretar la conducta humana que durante siglos se habían estudiado, ciencias tales como Psicología, Educación, Sociología, Antropología, y otras. El concepto de IE (Inteligencia Emocional) fue primeramente desarrollado por el Dr. Peter Salovey, quien la definió como "un tipo de inteligencia social que incluye la habilidad de supervisar y entender las emociones propias y las de los demás, discriminar entre ellas, y usar la información para guiar el pensamiento y las acciones de uno".

17

La inteligencia emocional tiene como soporte al carácter multifactorial de las inteligencias, es decir las Inteligencias Múltiples. Este nuevo concepto de las inteligencias múltiples ha requerido que, ya no se eduque solamente de la manera tradicional del conocimiento, como la matemática y el lenguaje; sino, desarrollar actividades en las que el movimiento, la música, la estética, el conocimiento individual e interpersonal, los afectos, las emociones y el respeto al medio natural, estén presentes en el currículum para procesos de aprendizajes integrales. El lograr fortalecer una idea, para que los salones enfoquen multifactorialmente la inteligencia, garantizaría que desde todos los ámbitos del talento humano, se puedan resolver problemas variados, generados desde las aulas hacia lo real, hacia el afuera, hacia el mundo, logrando transformar para el bienestar común.

¿Qué debemos entender por las habilidades sociales?

Hoy en día, podemos encontrarnos con muchas definiciones sobre lo que son las habilidades sociales pero, todas tiene en común al asegurar "Que son un agregado de comportamientos eficaces para con todos los que nos relacionamos y con nosotros mismos".

Lo más importante, es que las podemos aprender. Ya que le facilitaran en este caso, al niño, las relaciones con otros y además la relación consigo mismo. Cuando enseñamos a nuestros hijos estas conductas, les estamos garantizando un éxito, como individuo integrado, al mundo que le ha tocado vivir. Le garantizamos el poseer capacidades que le evitaran muchas situaciones difíciles y obtendrá un equilibrio emocional y una resolución a problemas, superior a los demás individuos sin estas capacidades.

De esta manera, las habilidades sociales nos proporcionan la capacidad necesaria para interactuar con otros, dentro del contexto social dado, de una manera asentida y apreciada socialmente y de manera muy beneficiosa para el niño mismo.

Todos los científicos e investigadores coinciden que los niños con habilidades sociales aprendidas se convierten en alumnos más inteligentes emocionalmente y esto se refleja de manera triunfante en la parte académica. Aprenden más y mucho mejor. Los problemas de conducta disminuyen significativamente. Se sienten mucho mejor con ellos mismo, más felices.

Son niños positivos y optimistas. Su autoestima es más alta y tienen más capacidad para entender los sentimientos de los demás. Son niños felices, saludables y exitosos. Y Goleman también nos dice que los alumnos con bajo rendimiento escolar presentan claras deficiencias en su inteligencia emocional.

En el 1990 los psicólogos Peter Salovey de la Universidad de Harvard y John Mayer de la Universidad de New Hampshire Describieron las cualidades emocionales que parecen tener importancia para el éxito.

Estos términos serán los que estaremos explorando en este libro y por qué la importancia de que sean enseñados a sus hijos tanto en el hogar, como en la escuela a la que asisten diariamente. Les estaremos proporcionando herramientas que le serán útiles durante toda su vida. Lo cual le facilitará una vida más libre de conflictos y más feliz. Simultáneamente, estarán aprendiendo ustedes mismos como padres, tutores o maestros y aplicándolo a su propia cotidianidad y debería ser así, ya que la mejor manera de que sus niños aprendan, es a través del ejemplo.

Ustedes estarán aprendiendo con toda esta información y simultáneamente estarán transmitiéndola a sus hijos o a sus estudiantes. Les estaremos ofreciendo una serie de ejercicios de relajación para que los niños, ustedes como padres y maestros recurran a ellos para poder combatir el estrés. Estos ejercicios serán incluidos al final de este libro. La inteligencia emocional tiene como soporte las Inteligencias Múltiples. Esto ha requerido que desde la educación ya no se eduque solamente de la manera tradicional del conocimiento, como la matemática y el lenguaje sino, desarrollar actividades en las que el movimiento, la música, la estética, el conocimiento individual e interpersonal, los afectos, las emociones y el respeto al medio natural, estén presentes en el currículo para procesos de aprendizajes integrales. En el estudio de Gardner se analizan dos inteligencias que tienen que ver con la relación social y entendiéndolas seremos capaces de poder enseñárselas a nuestros niños; La Inteligencia Intrapersonal y la Inteligencia Interpersonal.

¿Que son estas inteligencias?

La primera, desarrolla la habilidad del conocimiento del niño, su identidad, su autoestima. La inteligencia intrapersonal consiste, según la definición de Howard Gardner, en el conjunto de capacidades que nos permiten formar un modelo preciso y verídico de nosotros mismos, así como utilizar dicho modelo para desenvolvernos de manera eficiente en la vida. La inteligencia interpersonal es la capacidad de entender a otras personas, interactuar con ellos y entablar empatía. Poder discernir, comprender qué le sucede a otra persona en determinado contexto y actuar de manera apropiada en relación con los estados de ánimo, las conductas y los deseos de esa persona resulta de suma utilidad para comunicarnos efectivamente en nuestra vida diaria.

La Inteligencia Intrapersonal

La inteligencia intrapersonal desarrolla la habilidad del conocimiento del niño, su identidad y su autoestima, según la definición de Howard Gardner, es el conjunto de capacidades que nos permiten formar un modelo preciso y verídico de nosotros mismos, así como utilizar dicho modelo para desenvolvernos de manera eficiente en la vida. Es la capacidad de ver con realidad y franqueza cómo somos y qué queremos. Entender exactamente cuáles son nuestras prioridades y anhelos, en otra palabra conocernos a nosotros mismos. Por otro lado es imprescindible no engañarnos con respecto a nuestras emociones y a nuestros sentimientos más bien, respetarlos.

En vez de suponer que uno está sujeto por sus antojos y deseos y que nada se puede hacer al respecto, las personas con un alto grado de inteligencia intrapersonal pueden entender por qué sienten o piensan tal o cual cosa y actuar de una mejor manera. También se ven muy beneficiados ya que toman excelentes decisiones al momento de elegir: con quién compartir su vida, que estudiar o qué trabajos elegir. Aprenden a estar alerta a sus sentimientos para saber qué les sucede. Además se pueden entender mejor así mismos y tratarse con respeto y compasión. Asimilan las maneras de lograr un equilibrio emocional y de este modo lograran calma frente a cualquier eventualidad que les ocurra, a crear resiliciencia. Esto les proporcionara un ambiente de bienestar que podrá ser percibido hasta físicamente.

La inteligencia intrapersonal en el salón de clase

Si se mira desde la perspectiva de un maestro, la inteligencia intrapersonal es muy importante porque de ésta depende que el niño termine su año escolar mejor o peor, anímicamente hablando. Determina en gran medida el éxito o el fracaso de nuestros hijos y estudiantes.

Sin la capacidad de auto-motivarse no hay, ni habrá, un rendimiento académico posible; por eso es tan necesario su aprendizaje para los niños a una temprana edad.

Cualquiera que sea el aprendizaje del que estemos hablando, éste requiere un gran esfuerzo. El aprendizaje de algo nuevo crea frustración, tensión y hasta confusión. A algunos niños les resulta muy difícil manejar este tipo de emociones y es por eso que se resisten a nuevos retos por miedo al fracaso.

Es tan necesario poder controlar las emociones, no solo cuando los niños tomen un examen; sino en todos los aspectos de su vida.

Es sabido que la importancia en la inteligencia intrapersonal es nula en la gran mayoría de los sistemas educativos. La inteligencia intrapersonal como las demás inteligencias, es educable; sin duda alguna.

Los especialistas de todo el mundo coinciden en la importancia del aprendizaje intelectual tanto, como el aprendizaje emocional, afectivo y de las relaciones, ya que sin este último solo sería una instrucción. El aprendizaje es una actividad social en gran medida. Tanto los maestros, como los padres deben defender una educación emocional propulsora de la reflexión, la responsabilidad, la libertad, la creatividad, la solidaridad y la convivencia, y para eso deben enseñar a los niños a identificar, reconocer, y controlar sus emociones.

La Inteligencia Interpersonal

La inteligencia interpersonal es la que nos permite entender a los demás. La inteligencia interpersonal es mucho más importante en nuestra vida diaria que la brillantez académica, porque es la que determina la elección de la pareja, los amigos y en gran medida, nuestro éxito en el trabajo o en los estudio. Es la capacidad para poder relacionarnos de manera apropiada con las personas que nos rodean. Esta inteligencia se encuentra formada por habilidades como la empatía, que nos permite "ponernos en los zapatos de otras personas" y la asertividad, que nos facilita comunicarnos y expresarnos de una forma clara y franca con las personas sin pasar sobre sus derechos, pero sin permitir de ninguna manera que se transgredan los nuestros. Como parte de la inteligencia interpersonal encontramos otras habilidades como escuchar efectiva y activamente, la expresión controlada de emociones y la resolución de conflictos pacíficamente. Estas son sólo algunas de las prácticas y habilidades que nos facilitan interactuar mejor con las personas, así como convivir con ellas en forma más eficaz y positiva logrando comunicarnos de un modo más apropiado y pertinente, enfrentando el día a día con todo lo que nos pueda ofrecer, tanto positivo como negativo.

La inteligencia Interpersonal en la Escuela

La inteligencia interpersonal es más importante desde el punto de vista del maestro, porque sin ella no podría comprender a nuestros niños, sus insuficiencias y sus motivaciones. La inteligencia interpersonal es importante para cualquier estudiante, porque es la que le permite hacer amigos, trabajar en grupos, o conseguir ayuda cuando la necesita. Esta habilidad es la base en la que se sostiene la popularidad, el liderazgo y la eficiencia interpersonal. Los niños con esta cualidad son más eficientes en todo lo que se llama interacción entre los compañeros de la escuela y amiguitos fuera del ámbito escolar. Son las "estrellas sociales".

Maestros Capacitados Emocionalmente

Para que el niño asimile y desarrolle las habilidades emocionales y afectivas relacionadas con el uso inteligente de sus emociones necesitará entonces de un "maestro emocional", por lo que los docentes, lo quieran o no, serán agentes activos de desarrollo afectivo.

Dado este nuevo requerimiento de la educación al maestro, tendremos que desarrollar las siguientes funciones:

Ayudar a los niños a establecerse objetivos personales. Establecer un clima emocional positivo, ofreciendo apoyo personal y social para aumentar la autoconfianza de los estudiantes.

1- Aprender a ser buenos oyentes.

2-Pedir a los alumnos que expresen sus sentimientos y expresarlos ellos, siendo guías de sus emociones.

3-Ser pacientes y positivos.

4- Aprovechar las situaciones de la vida ordinaria del salón para modelar los sentimientos.

5- Llevarlos a desarrollar temas controversiales en el salón en un ambiente de reflexión y libre albedrío, contribuyendo a la mejora del juicio moral.

6- Aceptar los sentimientos de los niños, no mostrar indiferencia por sus emociones para que no se inhiban de expresar lo que sienten.

7- Capacidad de ponerse en el lugar de los alumnos y comprender sus motivos, necesidades e intereses.

8- Al ser la autenticidad la necesidad más profunda del equilibrio psíquico, deberá ser también la característica dominante de la personalidad de todo maestro. Sólo ella llevará al educador a la aceptación de sí mismo y de los demás, y se convertirá en el fundamento de todo acto comunicativo, pues la necesidad que se propone, de atender el desarrollo emocional en la escuela, nace de la necesidad de atender íntegramente al niño.

Para que los niños desarrollen las relaciones interpersonales e intrapersonales

1-Debemos enseñar a nuestros hijos a luchar por sus metas, y nada mejor que empezar enseñándoles a fijar sus propios objetivos y a perseguirlos.

2. Cambiarles el pensamiento cuando dicen NO PUEDO por SI PUEDO. A veces son los mismos padres que les crean este tipo de impedimento con la sobreprotección para evitarles algún dolor. Les van señalando por dónde deben o no deben ir. Y con este comportamiento le evitamos descubrir y experimentar por sí mismos.

3. Perseverancia es una característica que les debemos enfatizar para que puedan crear tenacidad ante las frustraciones. De esta manera le demuestra, que si se esfuerzan y son constantes acabarán consiguiendo sus metas; ya que dependen, sobre todo, de ellos mismos.

4. Deben aprender a equivocarse: tienen que dejarlos que se

equivoquen. No corregirlos cada vez que van a hacer algo y creemos que es imposible. Dejarlos tomar sus propias decisiones, los ayudará en su aprendizaje y aprenderán que no es malo equivocarse, eso les dará la oportunidad de aprender algo debemos guiarlos a cuestionarse: por qué no resultó, eso le creará sentido analítico.

5. Enseñarles con el ejemplo: No hacemos nada con tratar de inculcarles valores y actitudes si no les mostramos, en cada uno de nuestros actos, que lo practicamos. Los niños son muy inteligentes y nos observan mucho más de lo que pensamos.

6. Una buena norma es "Cuando expreses tu enfado no puedes hacerte daño ni a ti, ni a los demás, ni a las cosas".

7. Empatía. No le hagas a nadie lo que no te gustaría que te hicieran.

8. Alabar lo positivo: Felicítelos cuando sus hijos se enfrenten bien a sus emociones o muestren preocupación por los demás, dígales que usted se da cuenta cada vez que lo hace.

Coeficiente intelectual e inteligencia emocional

Desde que se ha hablado del coeficiente intelectual, el mundo lo ha valorado como único y verdadero. Así medíamos la inteligencia de las personas. A los niños inteligentes, los clasificábamos como los que dominaban materias tales como: matemáticas, ciencias y lenguaje.

Para identificarlos, aún hoy, realizan un test de inteligencia y de esta manera se mide su coeficiente. Mientras más alta es la puntuación más alto es su coeficiente.

Este test sustentó la relación entre CI, parámetro y el rendimiento escolar que tienen los niños. Para los maestros era necesario obtener los resultados de los exámenes para poder identificar las cualidades académicas de los estudiantes. De esta manera no se le prestaba mucha atención al "tonto inteligente", como lo llama Goleman. Esto ha provocado que muchos padres no apoyaran a los niños con un bajo coeficiente intelectual, a continuar sus estudios; o a superar sus limitaciones y, más bien, los alejaran de sus estudios académicos. Lo que ha traído como resultado personas desconformes y hasta ciertas maneras resentidas con la sociedad.

La forma utilizada para clasificar la inteligencia ha sido catalogada, en los últimos tiempos, como atrasada ya que:

1- Se ha demostrado que la inteligencia académica no es suficiente para alcanzar el éxito. Los profesionales más exitosos no necesariamente fueron sobresalientes en sus reportes escolares.

2- Los que sobresalieron y sobresalen positivamente de manera permanente en todas las esferas sociales, son los que supieron conocer y controlar sus emociones de forma adecuada.

3- La inteligencia no nos garantiza la felicidad ni con nuestra familia, ni con los amigos.

4- Un alto coeficiente intelectual en las personas no favorece el equilibrio emocional, ni una buena salud mental. Son otras habilidades emocionales y sociales las responsables de nuestra estabilidad emocional y mental; así como, de nuestra adaptación social y de la manera en que nos relacionamos.

En momentos de crisis como los actuales, ya no sirven las características conocidas de la persona inteligente y es ahora que surge el concepto de Inteligencia Emocional como una alternativa a la visión que hemos tenido siempre y es necesario redefinirlo.

Capacidades de la Inteligencia Emocional

Salovey y Mayer, los primeros en formular el concepto de IE, definen cinco grandes capacidades que le son inherentes, de las cuales Goleman dice: que son vitales a la hora de valorar la inteligencia de las personas:

1. Tres pertenecen a la Inteligencia Intrapersonal:

   A. Autoconciencia

   B. Autorregulación

   C. Motivación

2. Dos a la Inteligencia Interpersonal:

   A. Empatía

   B. Habilidades sociales

La inteligencia intrapersonal y la inteligencia interpersonal se pueden enseñar a nuestros niños. Algunas de las destrezas más comunes incluyen: el iniciar y mantener conversaciones, hacerles peticiones a los demás, expresar sentimientos, resolver conflictos, hacer amigos, y ser asertivos. Estas harán del futuro de sus hijos una vida más plena donde ellos y los que los rodean sean más felices.

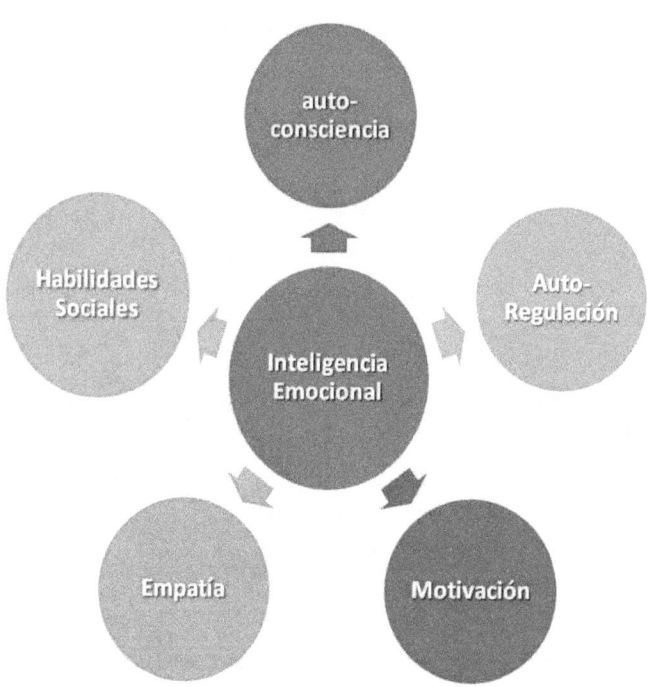

Aptitudes De La Inteligencia Intrapersonal

La autoconciencia

Es la capacidad de saber qué ocurre en nuestros cuerpos y qué estamos sintiendo. Envuelve reconocer nuestros propios estados de ánimo, nuestros recursos y nuestras intuiciones. Tener el poder de apreciar y darle un nombre a las emociones que son los pilares de la IE, en los que se fundamentan la mayoría de las otras cualidades emocionales.

Sólo quien sabe por qué se siente cómo se siente, puede manejar sus emociones; moderarlas y ordenarlas de manera consciente. Conocer y controlar nuestras emociones es imprescindible para poder llevar una vida satisfactoria. Sin sentir emociones es imposible tomar decisiones. Y si podemos aprenderlo desde temprano le estaremos dando a nuestros hijos una gran oportunidad de tener una vida más feliz. Las actividades para aprender a notar nuestras emociones son muy sencillas:

Primero: Para conocer nuestras emociones, será necesario prestarle atención a los cambios físicos que inducen las emociones. Las emociones son el punto de encuentro entre mente y cuerpo; se advierten físicamente, pero son el resultado de una actividad mental.

Segundo: es formarse y diferenciar una emoción de otra. Cuando notamos que sentimos algo y además lo identificamos, entonces lo podemos expresar.

Hablar de nuestras emociones nos ayuda a actuar sobre ellas, a controlarlas. Poder hablar de nuestras emociones es el primer paso para aprender a actuar sobre ellas.

Tercero: es asimilar a calcular su impulso. Si nos damos cuenta de las emociones cuando éstas son demasiado intensas, estamos en sus manos. Controlar nuestras emociones siempre será más fácil, cuanto menos intensas sean; por lo tanto se trata de aprender a prestar atención a los primeros indicios de una emoción, sin esperar a que ésta exceda lo normal.

La Autorregulación

La autorregulación es la habilidad de los seres humanos para controlar su comportamiento. Se desarrolla con el tiempo, e involucra muchos aspectos del desarrollo social, emocional y cognitivo. La autorregulación puede también ser considerada como la integración exitosa de la emoción (lo que siente un niño) y la percepción (lo que el niño sabe o puede hacer) que da como resultado un comportamiento apropiado. La autorregulación no se relaciona con la inteligencia, se desarrolla a medida que los niños crecen. El temperamento de los niños y la forma de manejar situaciones estresantes afecta cómo y cuándo llegue a desarrollar la autorregulación. De la forma que usted interactúa con los niños, incluyendo la manera de adaptarse a su temperamento y responder a sus necesidades, afecta la forma de aprendizaje de la autorregulación.

Usar el idioma (especialmente expresar las emociones) ayuda a desarrollar la autorregulación y establece las plataformas para el aprendizaje futuro del niño. La autorregulación es importante porque se ha demostrado que ayuda a los niños a resolver problemas y desarrollar estrategias para afrontar diferentes situaciones. La autorregulación incluye la habilidad de enfocarse y de controlar los impulsos, mientras más pronto los niños puedan auto-regularse, más pronto estarán preparados para la escuela donde el éxito académico y social requiere de pensar por sí mismos y satisfacer las expectativas de los demás. Los niños que no aprenden a autorregularse por lo general tienen más dificultad en la transición a la escuela. Estar listo para ir a la escuela significa saber las letras, los colores, y los números, pero también significa poder permanecer quieto y llevarse bien con los demás. Una vez que aprendemos a detectar nuestros sentimientos podemos aprender a controlarlos. Hay personas que perciben sus sentimientos con gran intensidad y claridad, pero no son capaces de controlarlos, sino que los sentimientos le dominan y los arrastran hacer cosas que le podrán ocasionar problemas.

¿Qué significa controlar los sentimientos? Significa que una vez que los hemos identificado, podemos ser capaces de reflexionar sobre los mismos. Cuando lo hacemos, no emitimos juicios sobre si son buenos o malos, los deseemos o no los deseemos. Lo que tratamos con esto es de entender la causa de los mismos y qué emociones estamos sintiendo.

¿Siento coraje porque tengo miedo, porque estoy inseguro o porque realmente no entiendo que pasa? Estas preguntas que nos estaremos formulando requerirán de respuestas y solamente el hecho de reflexionar sobre el origen de mis reacciones me ayuda a controlarlas. Y esto es lo que tenemos que transmitir a los niños para que ellos sean capaces de poder conocer y controlas sus emociones.

La motivación

En el tiempo que los niños van creciendo deberían ser los padres, los que les corresponderían lograr que la motivación de sus hijos, emane de ellos mismos, es lo que se llama motivación interna. Por eso los progenitores primeramente deben ayudar a motivar a sus hijos siempre, así deben estar encaminados hacia la motivación externa (o sea, la orientación de los padres). Un ejemplo de ello son las actividades de ayudar en el hogar, como: tender camas, recoger la ropa sucia, limpiar los zapatos, limpiar, barrer, guardar la ropa, guardar las conservas del supermercado, entre otras actividades. También los padres deben ayudar a sus hijos pequeños a desarrollar la capacidad de autodisciplina para lograr éxitos en planes futuros. La auto-motivación llega en parte con la edad, y en parte con la experiencia.

La auto-motivación es lo que les permite hacer un esfuerzo, físico o mental, no porque se les obligue, sino porque quieren hacerlo.

Las tendencias emocionales que guían o facilitan el cumplimiento de las metas establecidas; las cuales se basan en "la capacidad de motivarse uno mismo", siendo la aptitud dice Goleman, que también interviene e influye "la motivación de los demás". "Los verdaderos buenos resultados requieren cualidades como perseverancia, disfrutar aprendiendo, tener confianza en uno mismo y ser capaz de sobreponerse a las derrotas". Esta actitud es la compensación, por lo cual en el salón de clases o en un equipo, motiva a los demás a perseverar con optimismo y no desmayar en alcanzar los objetivos planteados. En un principio poder determinar los objetivos y saber qué es lo que ciertamente quieren, es el primer paso. Luego tendrán un plan de acción. Si podemos enseñarles a que no sólo basta conocer esos objetivos previamente planteados; si no que más bien, hay que ejecutarlos para poder alcanzarlos. Y para que estos sean viables deben aprender que la motivación comprende la siguientes sub-competencias:

- **IMPULSO DE LOGRO:** esfuerzo por mejorar o alcanzar un estándar de excelencia académica.

- **COMPROMISO:** matricularse con las metas del grupo, curso o institución educativa.

- **INICIATIVA:** disponibilidad para reaccionar ante las oportunidades.

- **OPTIMISMO:** persistencia en la persecución de los objetivos, a pesar de los obstáculos y retrocesos que puedan presentarse.

Es imprescindible que aprendan que las emociones, hacia un objetivo, les permiten mantenerse con la motivación y fijar la atención en las metas en lugar de las dificultades. Para esto, es necesaria cierta cantidad de optimismo y aliento, de forma que seamos afanosos y actuemos de manera positiva ante los reveses. Enseñarles con el ejemplo; que lo importante es trabajar y sentir satisfacción de ver terminado lo que hemos iniciado y no sólo buscar premios en dinero o status. Los niños con esta habilidad se entusiasman por sus objetivos, les gusta aprender siempre, son creativos y muestran una energía y unos deseos impresionantes para culminar de la mejor manera una actividad. Así mismo ante el fracaso, no ven piedras en su camino, sino oportunidades para ser mejores.

El niño y la motivación en el salón de clase

Cuando el niño se encuentra en un ambiente sugestivo, donde él es visto como una persona que siente, piensa y anhela; entonces enfocará sus energías para aprender. Tal vez, en un principio lo haga para cautivar al profesor, para ser aceptado por sus compañeros de curso; a la postre, dependiendo de la habilidad del profesor, el estudiante amará la clase.

Existen dos clases de motivaciones: motivación intrínseca y motivación extrínseca. La primera se refiere a la satisfacción personal que representa enfrentar con éxito la labor como tal. La segunda, dependen de lo que digan o hagan los demás acerca de la actuación del niño. Estas dos se fusionan continuamente y a veces resulta improbable separarlas; ya que la autoestima juega un papel muy significativo. El papel del maestro en muchos sentidos es esencial; puesto que a través de sus actitudes, comportamiento y desempeño dentro del salón de clase podrá motivar a los alumnos a construir su aprendizaje. Algunas sugerencias para motivar a los estudiantes antes, durante y después de las actividades o tareas:

Generar un salón de clases agradable. El clima o la atmósfera deben ser cordiales y de respeto. Se debe evitar situaciones donde se avergüence al niño. Preparar las clases y las actividades de cada sesión. Un maestro que llega al salón de clases a improvisar, es detectado instintivamente por los niños; por lo cual pierde toda credibilidad y no los ayuda a motivarse. Vigilar los mensajes que se dan. Tratar de no desmotivar a los niños diciendo que algo es muy difícil y que no van a poder con ello. Al contrario, hay que alentarlos a que den su mayor esfuerzo y felicitarlos por ello. Evitar en lo posible dar sólo las notas escolares. Se debe proporcionar a los niños información lo que necesita corregir y aprender. Tratar de aumentar su confianza. Expresar mensajes   positivos para que los niños se sigan esforzando, en la medida de sus posibilidades. Dar la evaluación personal en forma confidencial. No decir las calificaciones delante de todos. Es preferible destinar un tiempo para dar la calificación en forma individual, proveyéndolos de la información necesaria acerca de las fallas y los aciertos; buscando de esta forma la retroalimentación del proceso enseñanza-aprendizaje. Estos son sólo algunos consejos para el manejo de la motivación dentro del salón de clase; no es todo lo que se puede hacer ya que cada profesor podrá agregar más a la lista, según la experiencia que haya tenido en su labor educativa.

Aptitudes de la Inteligencia Interpersonal

¿Qué es empatía?

La empatía surge naturalmente en todos los humanos desde siempre, los últimos conocimientos acerca de la inteligencia emocional han despertado la atención de la empatía a muchos. La empatía es vital para la comunicación. Es la capacidad de ponerse en los zapatos de otro, la facultad de comprender al otro, la manera de entender realmente sus penas, sus dolores, sus temores, o más positivamente hablando, sus alegrías.

Es decir, no consiste en juzgar las actitudes de los demás, apuntando lo que hubiera hecho uno en la misma situación, sino que es hacer la labor de pensar y sentir, como el otro. Sentir la empatía es algo difícil. La mayoría de las personas erróneamente siempre saben lo que el otro debe hacer, pero lo juzga desde sus propias experiencias. La infancia es un buen momento para comenzar las indicaciones de los pasos necesarios hacia convertirse en una persona sensible y comprensiva. La personalidad se desarrolla a raíz del proceso de socialización, en la que el niño asimila las actitudes, valores y costumbres de la sociedad. Los padres son los encargados de contribuir en esta labor, a través de su amor y cuidados; sabiendo que son la figura de identificación para sus hijos. La vida familiar es la primera escuela de aprendizaje emocional. Así que es un buen momento para ejecutar nuestra propia IE. Recuerden que se enseña con el ejemplo. Y una regla de la cual tenemos que estar muy pendientes es "tratar a sus hijos o estudiantes como le gustaría ser tratado".

Como conseguir que el niño sea empático

Como vimos, la empatía aparece en el desarrollo emocional normal del niño. Algunos niños prefieren espacios donde puedan utilizar sus energías o puedan moverse libremente: como los juegos de ayudar a otros a escalar o enseñar a correr en bicicleta; otros adoptan las acciones de conforte y las expresiones de cariño.

Para conseguir que los niños desarrollen empatía, no influye que vengan de una familia con muchos miembros o pocos, ni la posición social o económica. Cuando esta capacidad aparece de forma natural, a muy temprana edad, no está aún desarrollada; para que permanezca se debe reforzar con el ejemplo, en este caso: el de la familia.

Dar el ejemplo. Ser amable, fraterno, respetuoso, responsable es el primer compromiso de cualquier padre, pero indiscutiblemente cuando quiere educar niños empáticos.

Otorgarle responsabilidades y observar, con confianza, que las cumplan. Tareas sencillas que pueden irse cumpliendo progresivamente, según la edad.

No darles gratificaciones económicas, ni premios por cumplir con la responsabilidad asignada; pero sí, elogiar su comportamiento que contribuye a la unión familiar y ayuda a las tareas de los demás.

Enseñarle ese dicho que nos decían nuestras abuelas "haz el bien sin mirar quien". Enseñarles a no juzgar y mucho menos, a criticar.

La lectura ayuda a identificar distintos sentimientos y podemos. También podemos aprovechar escenas de alguna película en las que los personajes muestren sus sentimientos. Poder acceder con perspectiva a las diferentes emociones es algo que podemos hacer hablando sobre situaciones conocidas en las que los protagonistas sean amigos, vecinos, etc. Si educamos a los niños razonando con ellos, además de ayudarle a desarrollar su empatía, favoreceremos un espíritu crítico y una capacidad de comprender su entorno en su totalidad.

Podemos hablar con ellos de manera general sobre las posibles consecuencias que nuestra conducta tiene en los demás. Hablaremos sobre el orgullo o la culpa que hemos sentido en otras ocasiones y poniéndonos a nosotros mismos como ejemplo.

Nunca ocultaremos nuestras emociones y nos permitiremos exteriorizarlas. Recordemos que también aprenden viendo cómo actuamos. Cuando los niños se acostumbran a reflexionar sobre emociones vistas como "positivas" o "negativas" suelen tener autocontrol sobre sus actos y son percibidos como niños estabilizadores por sus compañeros de juegos o de la escuela.

Teniendo empatía nos adentramos al mundo del prójimo y tratamos de ver la manera de cómo ese prójimo visualiza el mundo; tratamos de sentir lo que siente y hasta lo que escucha profundizar en el mundo de otros, no quiere decir que compartimos sus opiniones, ni su interpretación del mundo. Para poder entender a los demás debemos aprender a escuchar. Muchas veces mientras nos hablan, prestamos más atención sobre lo que vamos a decir nosotros, a como reaccionamos y que historia contaremos a continuación. Debemos conectarnos con el otro en todas las maneras posibles. Así como las indicaciones no-verbales por ejemplo los gestos, los movimientos, el tono de la voz. Ya que estos indicadores nos proporcionan mucha más información.

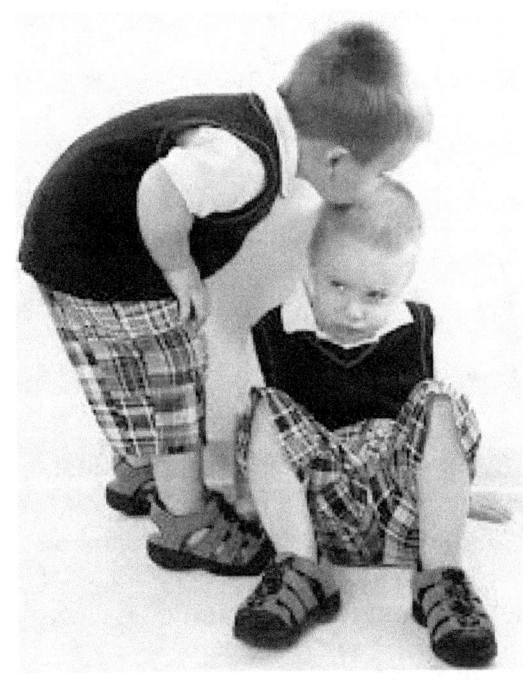

Las Destrezas Sociales

Implican ser un experto para inducir respuestas deseadas en los otros. Son la base para el desarrollo de las "habilidades interpersonales". Cuando entendemos al otro, su manera de pensar, sus motivaciones y sus sentimientos podemos elegir el modo más adecuado de relacionarnos, fundamentalmente utilizando la comunicación. Las personas que manejan la comunicación con efectividad se caracterizan por tres grandes pautas de comportamiento: Saben cuál es el objetivo que quieren conseguir. Son capaces de generar muchas respuestas posibles hasta encontrar la más adecuada. Tienen la suficiente agudeza sensorial para notar las reacciones del otro.

Las destrezas sociales constituyen las siguientes sub-competencias:

INFLUENCIA: idear efectivas tácticas de persuasión.

COMUNICACIÓN: saber escuchar abiertamente al resto y elaborar mensajes convincentes

MANEJO DE CONFLICTOS: saber negociar y resolver los desacuerdos que se presenten dentro del equipo de trabajo.

LIDERAZGO: capacidad de inspirar y guiar a los individuos y al grupo en su conjunto.

CATALIZADOR DEL CAMBIO: iniciador o administrador de las situaciones nuevas.

CONSTRUCTOR DE LAZOS: alimentar y reforzar las relaciones interpersonales dentro del grupo.

COLABORACIÓN Y COOPERACIÓN: trabajar con otros para alcanzar metas compartidas.

CAPACIDADES DE EQUIPO: ser capaz de crear energía para la persecución de metas colectivas.

Es necesario que el maestro trate de identificar estas competencias generales de la Inteligencia Emocional, para así definir lineamientos estratégicos de trabajo en el aula.

El Miedo

Los niños, los animales y los adultos sentimos miedo. El miedo es una emoción que nos alerta y nos pone sobre aviso de que algo no está bien. No se pueden eliminar todos los miedos y algunos miedos pueden ser utilizados positivamente; tales como el miedo a los carros en una calle con mucho tráfico. Sin embargo, necesitamos ayudar a los niños a entender sus sentimientos de miedo. Las investigaciones han comprobado que los miedos aparecen y desaparecen de la misma manera en todos los niños. Cada nueva fase brinda sus propias características de miedo. A medida que los niños van cambiando de edad, así también cambiaran sus miedos. Los niños pequeños tienen miedo a sonidos fuertes, personas y cosas extrañas. Pero estos miedos también permiten que los niños comiencen a entender el ambiente que los rodea y se sientan más confiados en su

habilidad de luchar contra el miedo. El miedo a la muerte, miedo a la

obscuridad, miedo a ser ridiculizado, miedo a ladrones y monstruos

son típicos en niños de 3 a 6 años.

¿Cómo ayudar a mis niños(a) a luchar contra el miedo?

No se ría de los miedos que sus niños le puedan decir

Mofarse o burlarse del miedo no disminuye el temor que ellos sienten y únicamente disminuye la confianza de su niño hacia usted. Frases tales como: "No seas cobarde, tu eres grande, no debes tener miedo a la obscuridad" solamente contribuyen a que los niños se sientan abochornados y esto los desalienta a compartir sus sentimientos y experiencias. Y si no continua confiando en usted, será más difícil saber que le ocurre en el futuro; si es que aparece el mismo miedo o algún otro temor.

No ignore el miedo de los niños. Diciéndole a su niño que una inyección no le dolerá, hará sentir a su niño que él/ella sólo debe batallar con su miedo sin ayuda. Dele a su niño la seguridad que él/ella necesita. Su niño quizá le cuente la misma historia más de una vez y quizá usted tenga que explicar la misma situación una y otra vez. Todo esto ayuda a su niño, a sentirse menos asustado.

No obligue a sus niños a pasar situaciones que ellos temen. Tratar de superar un miedo grande enfrentando la situación de una vez por todas, raramente funciona. En lugar de ayudar, algunas veces esto acrecienta el miedo. Dele a su niño la oportunidad de acostumbrarse poco a poco a la situación que él/ella teme.

¿Les teme a perros grandes? Deje que se familiarice con un perro pequeño o con un perro tranquilo.

No les mienta a sus niños acerca de sus temores. Mentirle a su niño sobre una situación de miedo producirá más temor. Si usted está preparado para enfrentar la situación con la verdad y con honestidad, ayudará a su niño a superar el miedo. Por ejemplo, antes de que su niño vaya al hospital para una operación, llévelo de visita al hospital, lea libros sobre hospitales o hable con otros niños que hayan estado en el hospital.

No transfiera sus temores personales hacia sus niños. Si usted les tiene miedo a las serpientes, los niños pueden sentirlo. La forma en que usted enfrenta sus propios miedos le da a su niño el modelo a seguir para enfrentar situaciones similares.

Acepte los miedos de sus niños como reales. Diga por ejemplo: "La obscuridad algunas veces da miedo, "¿Necesitas un foco?" Estas expresiones permiten a su niño expresar sus miedos sin sentirse avergonzado.

Deje que los niños vean a otras personas, actuar con confianza, en aquellas situaciones que ellos temen. Viendo a otro niño tocar una lagartija puede ayudar a que su niño pierda el miedo a los reptiles.

La Culpa

El sentimiento de culpa es una de las emociones más destructivas, y la mayoría de las personas la experimentamos en mayor o menor grado, tanto si es por algo que hemos hecho, como por algo que no, hemos sido capaces de hacer. No es un sentimiento agradable; por eso, cuando alguien nos pide algo que no queremos hacer, dudamos antes de negarnos porque tememos volver a experimentar ese terrible sentimiento.

Si un padre, madre o profesor se pasa la mayor parte de su tiempo sobresaliendo las faltas de sus niños, seguramente tendrá como resultado unos niños inseguros de sí mismos, que se sentirán culpables. El sentimiento de culpa es uno de los sentimientos más indeseados que un niño puede tener; ya que afectará, ineludiblemente, a su amor propio y a su autoestima. Para algunos, siempre es más fácil destacar los errores de los niños que sus logros; así que haz un esfuerzo por reconocer las cosas que hace bien y celebre los aciertos de su hijo.

Por ejemplo: frente a otras personas puede expresarse de manera positiva acerca de ellos; podrá decirle: "MIRA, el niño ha recogido sus juguetes" o "él solo ha hecho la tarea". Se trata de una frase que tendrá mucho valor para sus niños, pues sentirá que es importante para usted.

Si el niño necesita decirte algo, deje de hacer lo que esté haciendo y escúchale con atención. Acepte sus emociones sin juzgarlas, no censure sus palabras, valide sus sentimientos y comparte lo que te dice con empatía. De esta forma, el niño no se sentirá culpable, estará aumentando la confianza que el niño tiene en sí mismo, lo cual le ayudará a que se vaya sintiendo cada vez más cómodo y seguro para expresarse con libertad y honestidad cuando sea un adulto. Es necesario ayudar a los niños a reconocer sus emociones y una manera de poder ayudarlos es:

Aprender a identificar cuando siente culpa. La culpa ocurre en ellos cuando desean hacer algo que les gusta y al mismo tiempo saben que los adultos no quieren que lo hagan. Lo que ocurre cuando sienten culpa es que están preocupados, apenados, inhibidos, no confían en ellos mismos y todo el tiempo piden perdón.

Los niños con ese terrible sentimiento de culpa no sienten el derecho de hablar, de hacerse respetar o de pensar diferente a los demás. Aparecen remordimientos, tensión preocupación y lo peor de todo es que no se sienten valiosos. No se sienten merecedores de recibir nada y ni siquiera del cariño de los demás. Y no importa cuán bien hagan las cosas siempre les parecerá mal hecho. El hacer sentir a los niños culpables, hace que les cueste aceptar sus errores y esto le impide aprender de ellos. Pueden sentir enojo ante alguna injusticia pero, no sienten la fuerza para defenderse. Los niños no se sienten merecedores de sentir alegría ¿cómo sentirse feliz, si siempre se siente culpable? De esta manera se convierten en niños tristes. Luchan contra ellos mismos para no sentirse alegres y recibir alguna satisfacción.

NO, NOS ALENTAMOS A HABLAR, Y NO POR

COBARDÍA

SINO PORQUE NO NOS SENTIMOS VALIOSOS.

La Alegría

Algunos niños a pesar de su temprana edad, han perdido lo más bello que tiene la niñez: la alegría. Tal vez las circunstancias del ambiente han ayudado a que esto suceda, pero hay que aprender las alarmas ante el aburrimiento y las caras de tristeza de algunos de ellos, a pesar de tener mucho para estar alegres. La alegría es un aprendizaje como cualquier otro. Puesto que en gran medida, la alegría depende de la correcta actitud y voluntad para alcanzarla y no como se suele pensar en que la alegría está sujeta a factores externos. De ahí el llamado a educar a los hijos en ambientes positivos y alegres, teniendo en cuenta que son como esponjas que absorben el clima emocional que les rodea. La alegría proviene del amor y es la consecuencia de hacer el bien entre otras cosas. La alegría nace también de la firme voluntad interior de querer estar contento y de entregar ese gusto a los demás. A veces, sobre todo frente a las dificultades, no es fácil vivirla y por eso hay que proponérselo. Este valor nos permite vivir sin complicaciones y gozar de las cosas sencillas. Estar siempre abiertos y disponibles para los demás. El hogar es donde se siembran los principios, valores y las personalidades es primeramente el hogar, siendo determinante para el desarrollo humano. Es aquí donde los niños aprenden como es la vida y con ello las actitudes ante esta. Siendo las alegrías y una buena actitud el mejor camino para una mejor armonía. Los padres y los profesores saben que los niños pueden pasar de la alegría a la tristeza rápidamente y de la tristeza a la alegría de igual manera, a otras emociones como rabia, vergüenza y miedo. La alegría requiere al igual que cualquier otra emoción un adecuado ajuste al medio; el cual depende de la intensidad y duración de la emoción.

Es de suma importancia que los padres y profesores pongan atención a las emociones de los niños, aunque las consideremos positivas, como a la alegría. Enseñémosle que dentro de la misma alegría podemos estar satisfechos, contentos, alegres, felices y también excitados. Cuando la alegría llega a la excitación estamos nerviosos, inquietos y finalmente la alegría, no es tan alegre. De esta manera entenderán un poco más su emoción de alegría. Igual los sistemas educativos deben promover maneras de lograr que sus alumnos se sientan felices y provocar en los niños el placer de aprender de una manera divertida. He aquí algunos consejos para motivar niños más felices.

PARA CREAR NIÑOS ALEGRES HAY QUE...

• Enseñar a los niños a valorar lo que tienen, desde el aire que respiran, hasta los amigos con los que pueden jugar.

• Ser personas alegres, porque la alegría contagia a los demás.

• Cultivar el buen humor en la casa.

Enseñar a nuestros hijos a gozar con los pequeños triunfos de cada día. Si aprendió a leer, si hizo las tareas bien hechas. Esas son razones para estar alegres. Corregir con cariño, sin usar la ironía.

LA TRISTEZA

La tristeza en los adultos, sabemos que suele desencadenarse por la pérdida de algo. Se valoran como pérdidas el divorcio, la separación, una enfermedad grave, un fracaso, el desempleo, la vejez, la muerte de un ser querido, etc. La tristeza puede producir una pérdida de la sensación de placer. Disminución de energía y el entusiasmo por las actividades vitales y un lento metabolismo corporal. Se pierde el interés por todo. Actúa como una llamada a otros de que algo nos sucede. Es muy significativo poner atención a cualquier síntoma de tristeza en los niños, por más pequeño que les resulte, ya que algunas veces pueden encerrar una gran desazón. Un diálogo sobre lo que les ocurre podría servir de gran ayuda para superar cualquier problema. La tristeza es una emoción básica y normal del ser humano.

En ocasiones suceden cosas en nuestra vida en la que estar tristes es saludable e inevitable. En los niños es normal mientras respondan a algún suceso desafortunado de sus vidas. Ante la muerte de un ser querido, la separación de sus padres, peleas en la casa, bajo rendimiento escolar, por ejemplo. Aún con estos eventos ocurriendo, si la tristeza permanece por mucho tiempo o es muy intensa nos puede traer problemas en su proceso normal de crecimiento. De la tristeza continuar más de lo debido es recomendable llevarlo a una evaluación profesional. Si notan que el niño se está comportando de una manera negativa, especialmente si se refiere negativamente de sí mismo, del mundo, de los amigos o familiares, del mundo en general y el futuro. Muchas veces imaginan terribles finales para sus historias y académicamente comienza a bajar de calificaciones. La ira es realmente un sentimiento inapropiado, que es muy frecuente, en los niños que están deprimidos. Los niños se pelean frecuentemente por casi todo cuando se siente de esta manera.

Los que podemos hacer para poder ayudar a nuestros niños en estos momentos, es generar actividades divertidas. Usualmente cuando una persona está deprimida por mucho tiempo, se aísla y poco a poco deja la costumbre de divertirse y disfrutar. Es hora de hacer reír a los niños, llevarlos de paseo (cambiar el escenario anima y renueva). Leerles cuentos a los niños con finales felices.

Existen muchas actividades donde podemos hacer que se entretengan y se diviertan. Llevarlos a tomar clases de baile, a practicar algún deporte es algo que los ayudara a romper con las rutinas. Es de gran importancia dialogar con el niño y tratar de preguntarnos, en este caso como padres, que le está ocurriendo o que lo pone triste.

La Vergüenza

Los niños tienen una tendencia genética a la vergüenza, esta es una de las dos teorías más conocidas respecto a esta emoción. De igual manera, existe la otra teoría que sostiene que los niños desarrollan la vergüenza en los dos primeros años de su infancia. Según estudios realizados últimamente existen determinadas situaciones donde el niño puede multiplicar sus episodios de vergüenza por ejemplo, mudarse de casa, la llegada de un bebé al hogar, el inicio en la escuela; casi siempre estas etapas son pasajeras pero aun así usted puedes ayudarlo a superarlo antes. Algunas sugerencias serian enseñe con el ejemplo: admítale a su hijo situaciones donde ha sentido vergüenza pero, de todos modos ha hecho lo que tenías que hacer. Aprovecha cualquier momento confesarle que algo le da vergüenza pero hágalo donde él o ella te puedan ver.

No lo obligues hacer cosas que él no quiere: Obligarle a dar un beso o a presentar lo bien que baila, aumentará su inseguridad y, por tanto, **su vergüenza**. Es mejor que le alientes a soltarse con expresiones como "yo hablo o saludo primero y tú, después". Así irá ganado confianza en sí mismo, hasta que llegue el día en que no se embarace hacer las cosas él solo.

No le etiquetes, ni siquiera para disculparle. Cuanto más a menudo le digas que es tímido o se lo digas a los demás delante de él, más se convencerá de que lo es y más tardará en vencer su problema.

Fortalece sus relaciones con otros pequeños. Aunque de momento no juegue con ellos, estar a su lado y ver los diferentes ambientes en los que se mueven y las maneras tan distintas de comportarse que tiene cada uno, le vendrá estupendamente para dejar de tener tanta **vergüenza**.

Con respecto a los primeros días escolares es importarle que los maestros ayuden a los padres a esperar que los niños tengan la confianza necesaria en ellos mismos y en el entorno para enfrentar cualquier situación. En general si podemos aprender que las emociones y el respeto son la base de la confianza con los mayores, podremos enseñarles a confiar en ellos mismos.

Enojo

Reconoce el enojo en tus hijos, se les sube el color a la cara, gritan, lloran, saltan, pegan, patean, y rompen cosas al hacerlo. Todos se enojan de vez en cuando. Es normal y natural. Los niños pequeños expresan su enojo con acciones, con llanto, o con gritos, porque se les dificulta pronunciar lo que sienten usando palabras. Algunos expertos creen que es mejor expresar su enojo, a que lo deje dentro de sí.

Pero a los niños les convienen aprender a manejar su enojo de manera apropiada. Se les debe enseñar a controlarse y también, a expresar su enojo sin volverse agresivos o violentos. Los niños aprenden a expresarse cometiendo errores, observando a otros niños, e imitando lo que ven. Los niños que no aprenden a manejar su enojo pagan un precio muy alto después, con mala salud física y mental, carreras truncadas y relaciones no saludables. Para los niños, dirigir su enojo a algo que les frustra es señal de un desarrollo apropiado.

Los motiva a tomar control de cosas y situaciones frustrantes. Expresar su enojo puede ser signo de auto-estima. Al hacerlo el niño demuestra interés por defenderse. Los niños que han aprendido a decir "¡Estoy molesto!" han aprendido una buena manera de enseñar sus sentimientos. A veces, puede que se encuentre enojado. Trata de decirle, "Sé que estás enojado. Trate de que se calme, dándole tiempo y luego platicar con él o ella. Pregúntele que es lo que ha sucedido, que es lo que le provocó ese enojo. Los niños deben aprender qué formas de expresar su enojo son aceptables y no aceptables.

Establece reglas para ayudarles a aprender. Las reglas deben ser simples y claras. Por ejemplo: - "Si pegas, te sientas." - "Usa tus palabras. No golpes." - "Enojarse está bien, pero no está bien lastimar." Después de un suceso de enojo, juega con el niño o préstale atención con alguna actividad calmada. El hacerlo demuestra que no necesita hacer un coraje para recibir atención. También dile que lo amas, aun cuando se enoja. ¿Es una madre o padre enojado? Muchos de nosotros lo somos.

El enojo se expresa 2 a 3 veces más que el cariño. Usted debe ser el modelo que su niño va a seguir. - No explote con enojo, si no lo aceptaría de su niño. Expresarle al niño que acepta su enojo como experiencia normal. Por ejemplo, después de discutir con tu pareja, cuida de demostrar que aún existe el amor y el afecto entre los dos.- Demuéstrele al niño que puede evitar, que su enojo, domine sus relaciones. Tranquilice a su niño cuando su enojo esté fuera de control. Sugiérale que cuente hasta diez, o tome un descanso, o haga un dibujo sobre lo que lo enoja.

Haga lo que pueda para calmarle. Luego, regrese y pregúntale si quiere hablar usted sobre lo que lo enojó. No se enoje cuando haga una rabieta.

Una de las cosas más primordiales que puede hacer para ser buen modelo es el no responder con enojo cuando se enoja su hijo. Al responder con enojo sólo empeorarás la situación.

Dígale al niño que lo amas, aun cuando está enojado. Enojarse con alguien no quiere decir que no lo amas o que dejarán de quererte. Asegúrese que su hijo lo entienda de esa manera.

Para los maestros, actividades que pueden realizar para enseñarles a los niños a expresar, conocer y a controlar el enojo.

Enseñar a los niños a relajarse y calmarse mediante ejercicios de relajación.

Haz que los estudiantes identifiquen formas en las que puedan controlar su enojo de manera positiva. Escribe la lista en una cartulina. Pon esta cartulina en el salón de clases, y refiérete a ella cuando se dé la ocasión. Lleva a cabo un juego de roles sobre situaciones que provocan enojo. Con los niños más pequeños; puede usar títeres. Pídeles a los niños que muestren cómo reaccionarían en cada situación. Discutan cómo el controlar el enojo puede hacer que la situación cambie, y haga diferentes juegos donde ellos puedan participar en diferentes roles. Algunos ejemplos de situaciones son:

a) Tu amigo se burla de ti por tu peinado.

b) Te enteras que tu mejor amigo se ha ido al cine con otro amigo, y no te invitó.

c) Tú hermana o hermano usa tu camiseta favorita sin pedirla antes.

TÉCNICAS DE RELAJACIÓN PARA NIÑOS

1.- Posibles problemas:

Uno de los principales problemas con los que nos podemos encontrar en el entrenamiento es la timidez del niño, que se muestra en los ejercicios de tensar y relajar (especialmente la cara). Pueden reírse y encontrar jocoso el ejercicio, sin embargo lo más efectivo será ignorar las risas e indicar que se trata de parte del procedimiento y que deben continuar.

2.- Explicación: "Cuando te sientes alterado, tenso o nervioso, los músculos de tu cuerpo se ponen rígidos, tensos y duros. Si aprendes a saber que músculos son esos y a relajarlos, sabrás cuales son cuando te pase y sabrás relajarlos. Te sentirás relajado porque tus

83

músculos están relajados. Nosotros vamos a enseñarte a saber esto pidiéndote que pongas los músculos rígidos y que luego los sueltes, los relajes...

Así sabrás la diferencia que hay entre rígido y relajado, sabrás cuando estás tenso y cómo relajarte. Si aprendes a relajarte como te digo y luego prácticas como te diré, sabrás relajarte en situaciones en las que este nervioso."

En esta explicación lo más importante es incluir ejemplos relacionados con la vida del niño

(ej. Te servirá relajarte cuando estés furioso con alguien para no entrar en una pelea o cuando estés nervioso).

3.- Tareas para casa:

Hay que indicarle que trate de entrenar los métodos que le enseñamos antes y después de una situación que le ponga nervioso. Si está nervioso porque tiene que ir al dentista y tiene miedo, que lo haga antes de ir y después de ir. Pero no hace falta que sean situaciones excepcionales, basta con que practique en situaciones cotidianas: ver un programa de televisión, hacer los deberes, jugar al fútbol, etc. En principio, si el niño quiere automatizar la técnica sería bueno dos veces al día, por la mañana antes de ir al colegio y por la tarde antes de hacer los deberes o en cualquier otra situación.

A continuación se exponen las principales adaptaciones de la relajación aplicada a niños pequeños respecto a la de adulto:

1.- Instrucciones más simples y más cortas.

2.- Las sesiones deben de ser más cortas y más frecuentes para compensar la falta de atención del niño. Una sesión puede durar unos 15 minutos.

3.- Hay que controlar más los aspectos ambientales, puesto que los niños pequeños se distraen con facilidad, se debe de intentar que la habitación no presente grandes elementos distractores y que en la medida de lo posible sea quieta.

4.- La persona que enseña la relajación al niño debe ayudarlo físicamente, por ejemplo, cogerle el brazo para indicarle que lo ponga rígido y soltarlo para comprobar que está relajado.

5.- Es importante el ejemplo, por lo que ayuda la presencia de otro.

6.- Procedimiento.

Comenzaremos relajando el cuerpo, realizaremos la técnica sentados cómodamente uno en frente del otro, con ropa cómoda que no apriete y en una habitación tranquila con buena temperatura y con luz tenue, podemos acompañar el procedimiento con música.

Abrazos: Estiro el brazo hacia delante poniendo el puño duro. Tenso durante unos segundos y relajo, hacemos hincapié en la sensación de tensión y en la de relajación para que el niño lo diferencie (está muy duro, ahora está muy relajado, el brazo me pesa no puedo moverlo...) Realizamos el ejercicio dos veces con cada brazo. Primero el derecho y después el izquierdo.

Hombros: Subo los dos hombros hacia arriba, lo mantengo unos segundos y suelto los hombros. Se hace dos veces.

Espalda: Hecho los dos brazos hacia atrás como si fuera a juntar las manos, mantengo unos segundos y suelto. Se hace dos veces.

Abdomen: Aprieto muy fuerte la barriga, comprueba con tus dedos que tu barriga está muy dura. Igual que el anterior.

Piernas: Estiro hacia delante la pierna con la punta del pie también hacia delante, mantengo unos segundos y suelto. Realizo la actividad dos veces con cada pierna.

Todo junto: Relajo las piernas, brazos, hombros y abdomen a la vez. Tenso todas estas partes de la forma explicada anteriormente. Lo realizo solo una vez.

Seguimos con la cara:

Ojos: Apretar los dos ojos fuertemente, mantenemos unos segundos y soltamos. Dos veces.

Labios: Juntar los labios y apretarlos fuertemente, mantenemos unos segundos y soltamos. Dos veces.

Frente: Pon la frente como si estuvieras enfadado/a, arrugándola. Igual.

Cachetes: Coloca la boca como si fueras a soplar. Igual.

Orejas: Difícil. Concéntrate en ellas e intenta subirlas hacia arriba. No te preocupes sin lo consigues. Igual.

Cuello: Apretamos los dientes muy fuerte. Igual.

Todo junto: Intentamos tensar toda la cara junta, ojos, labios, frente, orejas y cuello. Lo realizo una vez.

Después intento realizar cuerpo y cara y conjuntamente, tenso piernas, brazos, hombros, abdomen y la cara a la vez. Lo realizo una sola vez, insisto en la relajación de todo el cuerpo, cierro los ojos y noto como mi cuerpo está muy pesado y muy muy relajado no puedo moverlo.

A continuación, realizo un masaje, cojo las piernas del niño y el balanceo lentamente comprobando si están flojas, hago también lo mismo con los brazos. Por último, realizo un masaje en la cara, con ambas manos realizo masajes circulares en las sienes, mofletes, frente y barbilla, mientras en niño/a permanece con los ojos cerrados.

Bibliografía

Inteligencia Emocional por Daniel Goleman, 1995

Fundación Internacional Pedagogía Conceptual

Del Cociente Intelectual a las inteligencias múltiples Fundación Internacional Pedagogía Conceptual y Miguel de Zubiría

El alma está en el cerebro /The Soul is in the Brain (Ensayo (Punto de Lectura)) (Spanish Edition) by Eduardo Punset (Aug 25, 2008)

Alsop, P. & McCaffrey, T. (1993) How to cope with childhood stress: A practical guide for teachers. Essex: Logman.

Chung, H. (1995) Patterns of individual adjustment changes during middle school transition: A two-year longitudinal study. Disertación doctoral no publicada, Universidad de Rutgers.

Cramer, P. (1987) The development of defense mechanisms. Journal of Personality, 55(4), 597-614.

Cramer, P. (1991) Anger and use of defense mechanisms in college students. Journal of Personality, 59(1), 39-55

Cramer, P. & Block, J. (1998) Preschool antecedents of defense mechanism use in young adults: a longitudinal study. Journal of personality and Social Psychology, 74(1), 159-169.

Cramer, P. & Gaul, R. (1988) The effects of success and failure on children's use of defense mechanisms. Journal of Personality, 56(4), 729-741.

Enseñarles a Ser Felices

Espero que este libro se convierta en guía para padres y maestros. De esta manera poder llegar a los corazones de estos e inspirarlos a crear una generación de individuos nuevos y pensantes. Y por tanto muchos más felices y completos. Esperamos que este le sirva de utilidad y ustedes mismos consigan aprender, que a través del conocimiento propio y de nuestras emociones estaremos obteniendo relaciones, trabajos y en general una vida más llena y feliz. Que lo aprendamos será vital para poder transmitir la enseñanza a nuestros niños y hacer de ellos niños más capaces y contentos.

www.ingramcontent.com/pod-product-compliance
Lightning Source LLC
Chambersburg PA
CBHW060153290526
45789CB00003B/1028